Eis – leicht gemacht

Eis aus eigener Produktion – das macht immer gute Laune, geht schnell und gelingt leicht. Beste frische Rohstoffe sind dabei ein Muß, denn jedes Eis schmeckt so gut wie seine Zutaten. Manche Eissorten werden am nächsten Tag und später ziemlich fest. Im Mikrowellengerät wird hartes Eis bei voller oder halber Leistung in ½–1 Minute wieder schön cremig. Sonst können Sie es etwa 30 Minuten vor dem Essen in den Kühlschrank stellen oder in etwa 10 Minuten bei Zimmertemperatur weich werden lassen. Danach sollten Sie das Eis auf keinen Fall wieder einfrieren.

Übrigens: kJ und kcal unter jedem Rezept bedeuten Kilojoule und Kilokalorien. Die Umgangssprache sagt dazu Joule und Kalorien.

Honig-Limonen-Eis

Ein raffiniertes Eis mit feinem Honigaroma.

Zutaten für 0,7 l Eis, etwa 8 Portionen:
2 Limonen (Limetten) · 50 ml Wasser · 50 g 2:1-Gelierzucker (für 2 Teile Frucht und 1 Teil Zucker) · 50 g heller cremiger Blütenhonig · 200 g Sahne

- Zubereitungszeit: etwa 20 Minuten
- Abkühlzeit: etwa 1 Stunde
- Gefrierzeit: 7–8 Stunden

1

Die Limonen waschen und mit einem sauberen Küchentuch gut abtrocknen.

2

Die Schale von den Früchten abreiben.

3

Die Limonen auspressen.

4

Das Wasser mit der Limonenschale und dem Gelierzucker unter Rühren etwa 1 Minute kochen lassen, dann den Limonensaft und den Honig hinzufügen. Alles noch etwa ½ Minute kochen. Den Topf vom Herd nehmen und den Inhalt in knapp 1 Stunde abkühlen und gelieren lassen.

5

Die Sahne in einer Schüssel mit dem Schneebesen oder dem elektrischen Rührgerät steif schlagen.

6

Die abgekühlte Zuckerlösung vorsichtig nach und nach unter die geschlagene Sahne mischen.

7

Die Masse sofort in einen Tiefkühlbehälter aus Plastik von 1 l Fassungsvermögen füllen und in 7–8 Stunden bei mindestens −18° gefrieren lassen. Etwa alle 2 Stunden vorsichtig umrühren, dabei die äußeren bereits gefrorenen Schichten nach innen rühren.

Pro Person etwa: 550 kJ/130 kcal
1 g Eiweiß · 6 g Fett · 12 g Kohlenhydrate

Honig-Limonen-Eis

Beerensorbet

Sehr erfrischend an heißen Sommertagen ist eine leicht körnig gefrorene Fruchtmasse, genannt Sorbet.

Zutaten für 0,3 l Eis, etwa 4 Portionen:
300 g gemischte Beeren (rote und schwarze Johannisbeeren und Himbeeren oder Brombeeren, Heidelbeeren und Erdbeeren) · 50 g Zucker · 1–2 Eßl. Zitronensaft · ⅛ l Wasser · 50 g 2:1-Gelierzucker (für 2 Teile Frucht und 1 Teil Zucker) · abgeriebene Schale von ½ unbehandelter Zitrone · eventuell ½ Schnapsglas (10 ml) Himbeergeist
Zum Garnieren: Schlagsahne · Minz- oder Zitronenmelisseblättchen

- Zubereitungszeit: etwa 20 Minuten
- Marinier- und Abkühlzeit: etwa 30 Minuten
- Gefrierzeit: etwa 15 Minuten in der Eismaschine oder 5–6 Stunden im Gefriergerät

1

Die Beeren waschen (Himbeeren nur wenn nötig waschen), abtropfen lassen und von den Stielen zupfen.

2

Die vorbereiteten Beeren in einem kleinen Gefäß mit dem Zucker bestreuen und mit dem Zitronensaft übergießen (je nach Säuregehalt der Früchte 1 oder 2 Eßlöffel Zitronensaft). Alles umrühren und zugedeckt mindestens 30 Minuten ziehen lassen, dabei gelegentlich umrühren.

3

Das Wasser mit dem Gelierzucker und der Zitronenschale unter Rühren 1 Minute kochen, vom Herd nehmen und mindestens 30 Minuten abkühlen und gelieren lassen.

4

Die vorbereiteten Früchte mit der Zuckerlösung im Mixer zerkleinern.

5

Die zerkleinerten Beeren durch ein feines Sieb streichen. Eventuell den Himbeergeist unterrühren.

6

Die Masse in den Behälter der Eismaschine füllen und in etwa 15 Minuten gefrieren lassen. Oder die Masse in einen Tiefkühlbehälter aus Plastik von ½ l Fassungsvermögen füllen und in 5–6 Stunden bei mindestens −18° gefrieren lassen. Unbedingt alle 30 Minuten umrühren.

7

Das fertige Sorbet nach Belieben mit geschlagener Sahne und Minz- oder Melisseblättchen garnieren.

Pro Person etwa: 540 kJ/130 kcal
2 g Eiweiß · 2 g Fett · 30 g Kohlenhydrate

Beerensorbet

Erdnuß-Eis

Hier kommen Erdnußliebhaber auf ihre Kosten.

Zutaten für 0,5 l Eis, etwa 6 Portionen:
50 g grobes Erdnußmus (Peanutbutter crunchy) · 50 g weiße Schokolade · 50 g cremiger heller Blütenhonig · 50 ml Orangensaft · 1 Eßlöffel Zitronensaft · eventuell ½ Schnapsglas (10 ml) Orangenlikör · 200 g Sahne

- Zubereitungszeit: etwa 15 Minuten
- Abkühlzeit: etwa 15 Minuten
- Gefrierzeit: 5–6 Stunden

1

Einen kleinen Wasserbadeinsatz oder einen Topf, der in einen größeren Topf paßt oder ein mikrowellengeeignetes Gefäß bereitstellen. Das Erdnußmus löffelweise hineinfüllen. Die Schokolade in Stücke brechen und hinzufügen. Den Honig und den Orangensaft dazugeben.

2

Den Einsatz oder den Topf in einen größeren Topf mit heißem Wasser stellen und die Zutaten darin unter Rühren mit dem Schneebesen schmelzen lassen und glattrühren. Oder alle Zutaten im Mikrowellengerät in 1–1½ Minuten bei 700 Watt heiß werden lassen und anschließend mit dem Schneebesen glattrühren.

3

Die Masse unter gelegentlichem Umrühren abkühlen lassen.

4

Den Zitronensaft und eventuell den Likör unter die abgekühlte Masse rühren.

5

Die Sahne steif schlagen.

6

Die Schlagsahne nach und nach unter die Erdnußmasse mischen: löffelweise beginnen, dann größere Mengen vorsichtig unterziehen.

7

Die Masse sofort in einen Tiefkühlbehälter aus Plastik von mindestens ½ l Fassungsvermögen füllen und in 5–6 Stunden im Gefriergerät bei mindestens −18° gefrieren lassen. Umrühren ist nicht erforderlich. Das fertige Eis zu Kugeln formen und nach Belieben mit Schlagsahne und gehackten Erdnüssen garnieren.

Pro Person etwa: 1400 kJ/330 kcal
5 g Eiweiß · 26 g Fett · 22 g Kohlenhydrate

Erdnuß-Eis

Krokant-Eis mit Rum

Ein feines Eis aus italienischer Meringemasse.

Zutaten für 0,6 l Eis, etwa 6 Portionen:
1 Blatt Gelatine · 100 ml Milch ·
50 g Butter · 1 Messerspitze gemahlene
Vanille oder 2 Teel. Naturvanillezucker ·
100 g Puderzucker · 3 Eiweiß ·
1 Teel. Zitronensaft ·
50 g Haselnußkrokant (Fertigprodukt) ·
1 Schnapsglas (20 ml) weißer Rum oder
Rumaroma

- Quellzeit: etwa 10 Minuten
- Zubereitungszeit: etwa 15 Minuten
- Gefrierzeit: 6–7 Stunden

1

Das Gelatineblatt in einer kleinen Schüssel mit Wasser bedeckt etwa 10 Minuten quellen lassen.

2

Die Milch mit der kleingeschnittenen Butter, der Vanille oder dem Vanillezucker in einem Topf unter Rühren langsam erhitzen, bis die Butter flüssig geworden ist. Den Topf vom Herd nehmen. Das Gelatineblatt ausdrücken, dazugeben und so lange rühren, bis sich die Gelatine vollständig aufgelöst hat. Die Milch dann abkühlen lassen, dabei gelegentlich mit dem Schneebesen umrühren.

3

Den Puderzucker in eine Schüssel sieben.

4

Die Eiweiße (am besten mit den Schneebesen eines elektrischen Handrührgerätes oder einer Küchenmaschine) leicht aufschlagen, dann den Puderzucker nach und nach einrieseln lassen und alles so lange schlagen, bis ein fester Schnee entstanden ist (das dauert 5–10 Minuten, je nach Maschine). Zum Schluß den Zitronensaft zufügen und alles noch etwa ½ Minute weiter schlagen.

5

Die abgekühlte Milchmischung mit einem Schneebesen nochmals gut durchrühren, dann nach und nach unter den Eischnee ziehen.

6

Die Masse sofort in einen Tiefkühlbehälter aus Plastik von 1 l Fassungsvermögen füllen und 1 Stunde bei mindestens −18° gefrieren lassen.

7

Dann den Krokant und den Rum unter die Masse ziehen und alles in weiteren 5–6 Stunden fertig gefrieren lassen. Etwa alle 2 Stunden vorsichtig umrühren.

Pro Person etwa: 860 kJ/210 kcal
3 g Eiweiß · 13 g Fett · 19 g Kohlenhydrate

Krokant-Eis mit Rum

Joghurt-Eis mit Beeren

Dazu schmecken zarte Eiswaffeln.

Zutaten für 0,9 l Eis, etwa 10 Portionen:
250 g Beeren (rote oder schwarze Johannisbeeren, Himbeeren, Erdbeeren, Brombeeren, Blaubeeren, auch gemischt) · 50 g 2:1-Gelierzucker (für 2 Teile Frucht und 1 Teil Zucker) · 50 ml Wasser · 1–2 Eßl. Zitronensaft · 100 g weiße Schokolade · 300 g Vollmilchjoghurt · 200 g Sahne · 1 Eßl. Puderzucker

- Zubereitungszeit: etwa 30 Minuten
- Abkühlzeit: etwa 30 Minuten
- Gefrierzeit: 7–8 Stunden

1

Die Beeren waschen, abtropfen lassen und von den Stielen zupfen. Größere Erdbeeren halbieren oder vierteln. 200 g Beeren mit dem Gelierzucker, dem Wasser und 1 Eßlöffel Zitronensaft (bei roten Johannisbeeren keinen Zitronensaft verwenden) unter Rühren so lange kochen, bis die Beeren aufplatzen oder weich sind. Das dauert bei Johannisbeeren und Blaubeeren 2–3 Minuten, bei Erd-, Him- und Brombeeren ½–1 Minute. Die gekochten Früchte durch ein Sieb passieren und das Fruchtmark abkühlen lassen. Die restlichen Beeren beiseite stellen.

2

Die Schokolade in Stücke brechen, 100 g von dem Joghurt dazugeben und die Schokolade im Wasserbad oder im Mikrowellengerät (2–3 Minuten bei 360 Watt schmelzen. Nach der halben Zeit mit einem Schneebesen umrühren.) Die geschmolzene Schokolade mit dem erhitzten Joghurt und 1 Eßlöffel Zitronensaft mit einem Schneebesen glattrühren.

3

Den restlichen Joghurt nach und nach mit einem Schneebesen unter die noch warme Schokoladenmasse rühren.

4

Die Sahne mit dem Puderzucker steif schlagen und vorsichtig mit der Schokoladen-Joghurt-Masse mischen.

5

Die Eismasse sofort in einen Tiefkühlbehälter aus Plastik von mindestens 1 l Fassungsvermögen füllen und etwa 2 Stunden bei mindestens – 18° gefrieren lassen.

6

Dann das Fruchtmark schnell und ungleichmäßig unter die weiße Masse rühren. Das Eis in weiteren 5–6 Stunden fertig gefrieren lassen.

7

Das fertige Eis zu Kugeln formen und mit den beiseite gestellten Beeren garnieren.

Pro Person etwa: 680 kJ/160 kcal
2 g Eiweiß · 10 g Fett · 14 g Kohlenhydrate

Joghurt-Eis mit Beeren

Nektarinen-Eis

Das feine Fruchteis schmeckt am besten ganz frisch. Doch es bleibt auch am nächsten Tag noch cremig.

Zutaten für 0,5 l Eis, etwa 4 Portionen:
1/3 Vanillestange · 100 ml Wasser · 50 g Zucker · 50 g heller cremiger Blütenhonig · 250 g vollreife Nektarinen · Saft von 1/2 Zitrone · 200 g Sahne

- Zubereitungszeit: etwa 20 Minuten
- Gefrierzeit: etwa 20 Minuten in der Eismaschine oder 5–6 Stunden im Gefriergerät.

1

Die Vanillestange mit einem scharfen Küchenmesser aufschlitzen. Dann mit dem Wasser und dem Zucker in einem kleinen Topf knapp 5 Minuten ohne Deckel bei schwacher Hitze kochen.

2

Die Vanillestange herausnehmen, das Mark herausschaben und in die Zuckerlösung geben. Den Honig zufügen und alles verrühren, bis sich der Honig aufgelöst hat.

3

Die Mischung abkühlen lassen.

4

Die Nektarinen kurz in kochendes Wasser tauchen, mit kaltem Wasser überbrausen und mit einem Küchenmesser die Haut abziehen. Das Fruchtfleisch von den Steinen und in Stücke schneiden. Die Fruchtstücke in einen Mixer füllen und mit dem Zitronensaft übergießen.

5

Die abgekühlte Zuckerlösung und die Sahne zu den Früchten geben und alles in 30–60 Sekunden feinmixen.

6

Die Masse sofort in den Behälter der Eismaschine gießen und in etwa 20 Minuten gefrieren lassen. Danach in ein Tiefkühlgefäß aus Plastik umfüllen und noch etwa 10 Minuten nachfrieren lassen. Oder die Masse in einen Tiefkühlbehälter aus Plastik von gut 1/2 l Fassungsvermögen füllen und im Gefriergerät in 5–6 Stunden bei mindestens −18° gefrieren lassen. Unbedingt alle 30 Minuten umrühren.

7

Das fertige Eis zu Kugeln formen und nach Belieben mit Schlagsahne und in Scheiben geschnittenen Nektarinen garnieren.

Pro Person etwa: 1200 kJ/290 kcal
2 g Eiweiß · 16 g Fett · 32 g Kohlenhydrate

Nektarinen-Eis

Eis-Marmor-Kuchen

Der köstliche Eiskuchen läßt sich bis zu 1 Woche aufbewahren.

Eine Königskuchenform aus Metall von 30 cm Länge für etwa 12 Portionen:
100 g und 2 Eßl. Puderzucker · 4 Eier · 1½ Päckchen Naturvanille- oder Vanillinzucker · eventuell 1 Schnapsglas (20 ml) Rum oder Rumaroma · 400 g Sahne · 100 g Zartbitterschokolade · 50 ml Milch

- Zubereitungszeit: etwa 40 Minuten
- Gefrierzeit: 8–9 Stunden

1

Die Kuchenform kalt ausspülen und in das Gefriergerät stellen.

2

100 g Puderzucker sieben.

3

2 Eier mit der Hälfte des gesiebten Puderzuckers, 1 Päckchen Vanille- oder Vanillinzucker und eventuell der Hälfte des Rums zu cremigem Schaum aufschlagen. Das dauert mit den Schneebesen eines elektrischen Handrührgerätes oder einer Küchenmaschine etwa 5 Minuten.

4

Die Hälfte der Sahne mit 1 Eßlöffel Puderzucker steif schlagen. Beide Massen vorsichtig, doch gründlich mischen und in der Form verteilen. Bei mindestens −18° etwa 2 Stunden gefrieren lassen.

5

Die Schokolade mit der Milch im heißen Wasserbad oder im Mikrowellengerät (1 Minute bei 600 Watt) schmelzen, glattrühren und abkühlen lassen.

6

Die restlichen Eier mit dem restlichen Rum, 50 g Puderzucker und dem restlichen Vanille- oder Vanillinzucker schaumig schlagen. Die abgekühlte Schokoladenmasse unter den Eischaum mischen.

7

Die restliche Sahne mit dem restlichen Puderzucker steif schlagen und vorsichtig, doch gründlich mit dem Schokoladenschaum mischen.

8

Die Schokoladenmasse auf der angefrorenen Vanillemasse verteilen. Mit einer Gabel beide Massen spiralförmig mischen, die Oberfläche glattstreichen und den Eiskuchen in weiteren 6–7 Stunden (am besten über Nacht) fertig gefrieren lassen.

9

Einzelne Stücke in der Form abschneiden und mit einer Palette herausheben.

Pro Person etwa: 930 kJ/220 kcal
4 g Eiweiß · 16 g Fett · 16 g Kohlenhydrate

Eis-Marmor-Kuchen

So wird's gemacht

Vanilleeis (8 Portionen)

1 *Eismaschine:* ⅛ l Milch, 200 g Sahne, 80 g Zucker, 2 Päckchen Vanillinzucker und 2 Eier im Mixer pürieren und in gut 20 Minuten gefrieren lassen.

2 *Gefriergerät:* 3 Eigelbe mit 50 g Puderzucker und 1 Päckchen Vanillinzucker schaumig rühren. 2 Eiweiße mit 1 Eßlöffel Puderzucker steif schlagen. 200 g Sahne mit 1 Päckchen Vanillinzucker steif schlagen.

3 Die drei Massen mischen und in einem Tiefkühlbehälter in 6–7 Stunden gefrieren lassen.

1

Schokoladeneis (8 Portionen)

1 100 g Zartbitterschokolade mit 50 ml Milch im Wasserbad schmelzen, glattrühren und abkühlen lassen. Vanilleeis wie oben zubereiten.

2 *Eismaschine:* Die Schokoladenmasse mit zu den anderen Zutaten im Mixer pürieren und in gut 20 Minuten gefrieren lassen.

3 *Gefriergerät:* Die Schokoladenmasse mit dem Eigelbschaum mischen, dann den Eischnee und die Schlagsahne unterheben. In 6–7 Stunden gefrieren lassen.

1

Nußeis (8 Portionen)

1 50 g Haselnuß- oder Walnußkerne rösten, abkühlen lassen und fein mahlen. Vanilleeis wie oben zubereiten.

2 *Eismaschine:* Die vorbereiteten Nüsse mit den anderen Zutaten im Mixer pürieren und in gut 20 Minuten gefrieren lassen.

3 *Gefriergerät:* Die vorbereiteten Nüsse unter den Eigelbschaum mischen, dann den Eischnee und die Schlagsahne unterheben. In 6–7 Stunden gefrieren lassen.

1

2

3

2

3

2

3

Praliné-Eis

Zartschmelzend und »kälter als Eis« zergehen diese köstlichen »Eispralinen« auf der Zunge.

Zutaten für 0,4 l Eis, etwa 8 Portionen:
50 g Kokosfett (Palmin) · 50 g Halbbitterkuvertüre · 50 g und 1 Eßl. Puderzucker · 2 Eigelb · eventuell ½ Schnapsglas (10 ml) Orangenlikör oder Mandellikör · 2 Eiweiß

- Zubereitungszeit: etwa 25 Minuten
- Gefrierzeit: mindestens 6 Stunden

1

Das Kokosfett und die Kuvertüre in grobe Stücke teilen und in einen Wasserbadeinsatz oder einen kleinen Topf, der in einen größeren Topf paßt oder in ein mikrowellengeeignetes Gefäß füllen.

2

Den Einsatz oder Topf in einen größeren Topf mit heißem Wasser stellen und die Zutaten unter gelegentlichem Umrühren schmelzen und glattrühren. Oder im Mikrowellengerät bei 600 Watt 2 Minuten schmelzen, dabei nach der halben Zeit umrühren. Danach glattrühren.

3

Die Schokoladenmasse abkühlen, aber nicht wieder fest werden lassen. Während des Erkaltens öfter umrühren.

4

Den Puderzucker in eine Schüssel sieben.

5

Die Eigelbe mit 50 g von dem Puderzucker und eventuell dem Likör schaumig schlagen. Die Eiweiße mit dem restlichen Puderzucker steif schlagen.

6

Die Schokoladenmasse unter den Eigelbschaum mischen: zuerst 1–2 Eßlöffel unterrühren, den Rest nach und nach, bis eine gleichmäßige Creme entstanden ist.

7

Den Eischnee nach und nach unter die braune Masse ziehen.

8

Die Masse sofort in eine flache Tiefkühlschale von etwa 1 l Fassungsvermögen füllen und das Eis in mindestens 6 Stunden gefrieren lassen, besser über Nacht.

9

Zum Servieren das Eis in Würfel schneiden und diese einzeln herausnehmen.

Pro Person etwa: 550 kJ/130 kcal
1 g Eiweiß · 8 g Fett · 11 g Kohlenhydrate

Praliné-Eis

Mozart-Eis

Dieses Eis läßt sich gut aufbewahren, so daß Sie die edle Nascherei auf etwa 1 Woche verteilen können.

Zutaten für 0,7 l Eis, etwa 8 Portionen:
100 g Nußnougat (Fertigprodukt) · 2 Eier · 30 g geschälte Pistazien · 1 Teel. Zitronensaft · 1 Eßl. Mandellikör · 50 g Puderzucker · 200 g Sahne ·

- Zubereitungszeit: etwa 30 Minuten
- Gefrierzeit: 7–8 Stunden

1

Den Nougat in grobe Stücke schneiden und in einem Wasserbadeinsatz oder kleinen Topf im heißen Wasserbad schmelzen. Oder in einem mikrowellengeeigneten Gefäß bei 700 Watt in 1 Minute schmelzen. Danach glattrühren.

2

Die Eier nacheinander gründlich unter den noch warmen flüssigen Nougat mischen, dabei jeweils rühren, bis eine glatte Creme entsteht.

3

Die Pistazien fein reiben, mit dem Zitronensaft und eventuell dem Likör unter die Nougatcreme mischen.

4

Den Puderzucker sieben.

5

Die Sahne mit dem Puderzucker steif schlagen.

6

Die Schlagsahne nach und nach unter die Nougatcreme mischen, löffelweise beginnen, dann größere Mengen unterziehen.

7

Die Masse sofort in einen Tiefkühlbehälter aus Plastik von 1 l Fassungsvermögen füllen und in 7–8 Stunden gefrieren lassen.

8

Das Eis mit einem Eisportionierer zu Kugeln formen und diese nebeneinander bis zum Servieren im Gefriergerät aufbewahren. Nach Belieben mit Waffeln, Schlagsahne und Raspelschokolade garnieren.

Pro Person etwa: 950 kJ/230 kcal
5 g Eiweiß · 16 g Fett · 16 g Kohlenhydrate

Mozart-Eis

Ananas-Eis

Viele kleine Ananas-Stückchen machen dieses Eis besonders fruchtig. Ganz frisch schmeckt das Ananas-Eis am besten.

Zutaten für 0,7 l Eis, etwa 8 Portionen:
1 Ananas (etwa 750 g) · Saft von ½ Zitrone ·
1 Tafel (100 g) weiße Schokolade ·
50 ml Milch · 30 g Puderzucker ·
200 g Sahne · eventuell ½ Schnapsglas
(10 ml) weißer Rum oder Rumaroma

- Zubereitungszeit: etwa 20 Minuten
- Gefrierzeit: etwa 8 Stunden

1

Die Ananas von der Blattkrone befreien und dick schälen. Das Fruchtfleisch längs vom harten Strunk und in sehr dünne Spalten schneiden. Die Spalten in sehr kleine Stücke schneiden.

2

Die Ananasstücke und den beim Schneiden ausgetretenen Saft in eine Schüssel geben und mit dem Zitronensaft übergießen. Zugedeckt ziehen lassen.

3

Die Schokolade in Stücke brechen und mit der Milch auf sehr kleiner Hitze unter Umrühren schmelzen und glattrühren. Oder die Schokolade mit der Milch in ein mikrowellengeeignetes Gefäß geben und bei 600 Watt in 2 Minuten schmelzen lassen. Anschließend mit einem Schneebesen glattrühren.

4

Die Schokoladenmasse abkühlen lassen, dabei gelegentlich umrühren.

5

Den Puderzucker sieben. Die Sahne mit dem Puderzucker steif schlagen.

6

Die Schlagsahne nach und nach vorsichtig unter die abgekühlte Schokoladenmasse mischen.

7

Die Ananasstücke mit dem ausgetretenen Saft und eventuell dem Rum gleichmäßig unter die Schaummasse mischen.

8

Die Masse sofort in einen Tiefkühlbehälter aus Plastik von 1 l Fassungsvermögen füllen und in etwa 8 Stunden bei mindestens −18° gefrieren lassen. Während der Gefrierzeit alle 1–2 Stunden umrühren.

Pro Person etwa: 420 kJ/105 kcal
2 g Eiweiß · 2 g Fett · 13 g Kohlenhydrate

Ananas-Eis

Quark-Eis

Das Quark-Eis sollte frisch serviert werden. Es schmeckt sehr gut mit heißen Himbeeren (Seite 34).

Zutaten für 0,7 l Eis, etwa 8 Portionen:
25 g Rosinen · Saft von ½ Zitrone · eventuell ½ Schnapsglas (10 ml) Rum oder Rumaroma · 75 g Puderzucker · 1 Ei · 1 Eßl. warmes Wasser · ½ Päckchen Vanillinzucker · 200 g Sahne · 100 g Magerquark

- Zubereitungszeit: etwa 30 Minuten
- Gefrierzeit: 5–7 Stunden

1

Die Rosinen in einem Sieb waschen, abtropfen lassen und grob hacken. In einer kleinen Schüssel mit dem Zitronensaft und eventuell dem Rum mischen und zugedeckt etwas ziehen lassen.

2

Den Puderzucker in eine große Rührschüssel sieben.

3

Das Ei, das Wasser und den Vanillinzucker zum Puderzucker geben. Alles mit den Schneebesen eines elektrischen Handrührgerätes oder einer Küchenmaschine so lange schlagen, bis die Masse dickschaumig ist (das dauert etwa 5 Minuten).

4

Die Sahne ebenfalls steif schlagen.

5

Die Rosinen mit der Marinierflüssigkeit sorgfältig unter den Quark rühren, so daß eine glatte Masse entsteht. Den Eischaum nach und nach unter die Quarkmasse mischen: zuerst eßlöffelweise, dann in größeren Mengen. Die Schlagsahne vorsichtig unterziehen.

6

Die Masse sofort in einen Tiefkühlbehälter aus Plastik von 1 l Fassungsvermögen füllen und in 5–6 Stunden (ohne Alkohol) oder in 6–7 Stunden (mit Alkohol) bei mindestens −18° gefrieren lassen. Unbedingt alle 1–2 Stunden vorsichtig umrühren, dabei die äußeren bereits gefrorenen Schichten nach innen rühren.

Pro Person etwa: 550 kJ/130 kcal
2 g Eiweiß · 8 g Fett · 13 g Kohlenhydrate

Quark-Eis

Ingwer-Eis

Das »wärmende« Ingweraroma ist hier eisgekühlt verpackt. Dazu paßt heiße Schokoladensauce (Seite 34).

Zutaten für 0,9 l Eis, etwa 8 Portionen:
3 Eigelb · 100 g Ingwerkonfitüre ·
100 ml Samos-Likörwein oder Apfelsaft ·
Saft von ½ Zitrone · 200 g Sahne

- Zubereitungszeit: etwa 25 Minuten
- Abkühlzeit: etwa 30 Minuten
- Gefrierzeit: 6–7 Stunden

1

In einem Topf, in den ein Wasserbadeinsatz oder ein kleinerer Topf paßt, soviel Wasser zum Kochen bringen, daß der Boden des Einsatzes gerade bedeckt ist.

2

In dem Wasserbadeinsatz oder dem kleinen Topf die Eigelbe mit der Konfitüre, dem Wein oder Apfelsaft und dem Zitronensaft verquirlen.

3

Den Einsatz oder Topf in den Topf mit dem schwach kochenden Wasser stellen und die Masse mit dem Schneebesen von Hand oder mit den Schneebesen eines Handrührgerätes (Stufe 1–2) aufschlagen, bis ein cremiger Schaum entstanden ist. Darauf achten, daß die Masse nicht kocht. Beim Rühren mit dem Handrührgerät die Masse ständig von den Außenwänden nach innen rühren und die Geschwindigkeit so einstellen, daß nicht zu viel Schaum entsteht und die Ingwerstückchen nicht herausfliegen.

4

Den Wasserbadeinsatz herausnehmen und die Masse darin unter öfterem Rühren mit dem Schneebesen abkühlen lassen. Das geht schneller, wenn Sie den Einsatz in eine Schüssel mit Eiswasser stellen.

5

Die Sahne steif schlagen.

6

Etwa ein Drittel der Schlagsahne unter den abgekühlten Ingwer-Schaum mischen. Dann die restliche Sahne vorsichtig unter die Masse ziehen.

7

Die Eismasse in einen Tiefkühlbehälter aus Plastik von mindestens 1 l Fassungsvermögen füllen und bei mindestens −18° in etwa 6–7 Stunden gefrieren lassen. Jeweils nach 1–3 Stunden vorsichtig umrühren, dabei die äußeren bereits gefrorenen Schichten nach innen rühren.

Pro Person etwa: 550 kJ/130 kcal
2 g Eiweiß · 9 g Fett · 11 g Kohlenhydrate

Ingwer-Eis

Eiscreme light

Kalorienarm Eis schlecken geht mit ein paar Tricks ganz leich
Dieses Eis muß frisch serviert werden, später wird es sehr har

Zutaten für 0,3 l Eis, etwa 4 Portionen:
2 Blatt Gelatine · ⅛ l Milch · 1 Päckchen Vanillinzucker · 1 Teel. flüssiger Süßstoff · 1 Messerspitze Safran · 1 kleine Banane (etwa 150 g) · Saft von ½ Zitrone · ⅛ l Buttermilch · 1 Eiweiß

- Zubereitungszeit: etwa 15 Minuten
- Gefrierzeit: etwa 20 Minuten in der Eismaschine oder etwa 5 Stunden im Gefriergerät

1

Die Gelatine in einer kleinen Schüssel mit kaltem Wasser bedeckt etwa 10 Minuten quellen lassen. Die Milch mit dem Vanillinzucker und dem Süßstoff in einem Topf kurz aufkochen, dann vom Herd nehmen. Die Gelatine aus dem Wasser nehmen und gut ausdrücken. Die Gelatine und den Safran mit einem Schneebesen vorsichtig unter die Milch rühren, bis sich die Gelatine vollständig aufgelöst hat.

2

Die Banane in Stücke schneiden und zusammen mit dem Zitronensaft, der Buttermilch, dem Eiweiß und der Milchmischung im Mixer fein pürieren. Oder die Bananenstücke mit dem Zitronensaft, der Buttermilch und dem Eiweiß in ein hohes Gefäß geben und mit dem Pürierstab pürieren. Die Milchmischung dann gut unter die Fruchtmasse rühren.

3

Die Masse in der Eism
Minuten gefrieren las
schließend im Gefrierg
nachfrieren lassen. O
nen Tiefkühlbehälte
½ l Fassungsvermöger
friergerät in etwa 5 St
−18° gefrieren lasser
dingt alle 30 Minute
die bereits gefrorenen äußeren Schichten nach innen rühren.

4

Das fertige Eis zu Kugeln formen und nach Belieben mit in Scheiben geschnittenen Bananen garnieren.

Pro Person etwa: 160 kJ/38 kcal
2 g Eiweiß · 1 g Fett · 4 g Kohlenhydrate

Eiscreme light

Tirami-Su-Eis

Alle Zutaten des berühmten Desserts finden sich auch in diesem Eis.

Zutaten für 0,8 l Eis, etwa 8 Portionen:
250 g Mascarpone · 1 Espressotasse heißer, sehr starker Espressokaffee (etwa 30 ml) · 100 g Puderzucker · 2 Eier · 1 Schnapsglas (20 ml) Mandellikör · 1 Messerspitze Zimtpulver · 10 Löffelbiskuits (50 g) · 1 kleinen Plastikbeutel · etwa 1 Eßl. Kakaopulver

- Zubereitungszeit: etwa 20 Minuten
- Gefrierzeit: 5–6 Stunden

1

Den Mascarpone möglichst mindestens 1 Stunde vor der Zubereitung aus dem Kühlschrank nehmen. Oder den Mascarpone (ohne die Deckelverschlußfolie) vor der Zubereitung im Mikrowellengerät in 30 Sekunden bei 360 Watt weich werden lassen.

2

Den weichen Mascarpone mit dem heißen Espresso in eine Schüssel geben und mit einem Schneebesen glattrühren.

3

Den Puderzucker sieben und die Eier mit dem Puderzucker, dem Amaretto und dem Zimt zu cremigen hellem Schaum aufschlagen (das dauert mit den Scheebesen eines elektrischen Handrührgerätes oder einer Küchenmaschine etwa 5 Minuten).

4

Die Biskuits in einen kleinen Plastikbeutel geben und auf eine Arbeitsfläche legen. Einen Topfboden mehrmals auf die Biskuits drücken, bis sie vollständig zerbröselt sind.

5

Den Eischaum und die Biskuitbrösel nach und nach unter den Mascarpone mischen.

6

Die Masse sofort in einen flachen Tiefkühlbehälter aus Plastik von etwa 1 l Fassungsvermögen füllen und in 5–6 Stunden bei mindestens – 18° gefrieren lassen.

7

Das fertig gefrorene Eis in rechteckige Stücke schneiden. Die Stücke einzeln mit einer Palette oder einem Pfannenmesser herausnehmen und mit dem Kakao besieben. Nach Belieben Löffelbiskuits dazu reichen.

Pro Person etwa: 550 kJ/130 kcal
5 g Eiweiß · 5 g Fett · 18 g Kohlenhydrate

Tirami-Su-Eis

So wird's gemacht

Vanilleeis mit heißen Himbeeren (8 Portionen):

1 Vanilleeis nach dem Grundrezept (Seite 18) herstellen. 1 Eßlöffel Butter erhitzen, 1 Eßlöffel Zucker zufügen, dann 50 ml Orangensaft unterrühren.

2 250 g frische oder tiefgefrorene Himbeeren und eventuell 1 Schnapsglas (20 ml) Himbeergeist dazugießen. Die Sauce kurz aufkochen lassen.

3 Das Eis zu Kugeln formen, anrichten und mit den heißen Himbeeren übergießen.

Schwarzwälder Eisbecher (8 Portionen):

1 Schokoladeneis nach dem Grundrezept (Seite 18) zubereiten. 1 Glas Sauerkirschen in einem Sieb abtropfen lassen und eventuell mit 1 Schnapsglas (20 ml) Kirschgeist mischen.

2 200 g Sahne mit 1 Eßlöffel Puderzucker steif schlagen.

3 Das Eis zu Kugeln formen und mit der Schlagsahne, den Kirschen und 100 g Raspelschokolade in Eisbechern anrichten.

Nußeis mit Schokolade und Früchten (8 Portionen):

1 Nußeis nach dem Grundrezept (Seite 18) zubereiten. 1 Dose Mandarinenspalten abtropfen lassen und eventuell mit 1 Schnapsglas (20 ml) Orangenlikör mischen. 200 g Sahne mit 1 Eßlöffel Puderzucker steif schlagen.

2 Das Nußeis zu Kugeln formen und mit dem Obst und der Sahne anrichten.

3 50 g Zartbitterschokolade in Stücke brechen und mit 100 g Sahne im Wasserbad oder im Mikrowellengerät schmelzen, glattrühren und über dem Eis verteilen.

1

1